Terror auf den Straßen Analysiert die Geist eines Psychopathen zum Beispiel wie Stephen Paddock

Konflikte und Resolutionen zu Gewalttaten in unseren Gesellschaften.

Die Erziehung hispanischer Familien in Zeiten des Terrors.

Wie kann man den Geist eines Psychopathen in Zeiten der Gewalt verstehen?

Nery Roman

ISBN-13:

978-1725895133

ISBN-10:

1725895137

Dieses Buch ist mit viel Liebe zu hispanischen Familien gewidmet, um Ihnen zu helfen, zu identifizieren Die Psycho In Zeiten des Terrors.

Die große Frage nach dem schrecklichen Massaker in Las Vegas: Warum?

Am Sonntagabend, Stephen Paddock, aus seinem Zimmer auf dem Boden 32 Des Mandalay Bay Casinos führte er seine Gewalttat sehr behutsam aus und schoss über 22.000 Menschen, die am Country-Musikkonzert teilnahmen. Von Ihre Zwei Fenstern Im madalay Hotel, Paddock schoss atemlos viele unschuldige Individuen. Insgesamt 59 Menschen starben und mehr als 500 Verwundete, die schlimmste Geschichte von Gewalt und Terrorismus in der amerikanischen Geschichte.

Stephen Paddock, 64, ist der Sohn von Benjamin Hoskins Paddock, der zwischen 1959 und 1960 zwei Banken gestohlen hat. Er wurde 1961 zu 20 Jahren Haft verurteilt, flüchtete aber 1968.

Mit seiner Flucht landete Benjamin Paddock am 18. März 1969 auf der FBI-Liste. Zwei Psychopathen, die ihre eigenen machen, Frage ich mich, ob die Menschen, die diese bösen, erschreckenden und gewalttätigen

Charaktere umgeben, ihre Psychopathen nicht erkannten. Da können Sie auch Castro den Vergewaltiger hinzufügen, Psychopath, der die 3 Mädchen entführt hat und jahrelang nicht losgelassen hat, bis einer von Ihnen den Mut hatte, den Klauen des Monsters zu entkommen.

In Zeiten des Terrors

Dieses Buch es Wichtig Für diejenigen, die Lernen zu analysieren Der Geist eines Psychopathen.

Poder Beispiel:

Benjamin Paddock wurde 1969 als Psychopath diagnostiziert Und Es ist ziemlich erstaunlich. Damals gab es die Ressourcen, die es jetzt gibt, um Psychopathen zu diagnostizieren. Tatsächlich wurde das einzige Buch zu diesem Thema von einer Cordura-Maske von Hervey cleckley geschrieben. In diesem Buch verwenden wir cleckleys Forschung.

Stephen es Paddock war acht Jahre alt, als sein Vater Im Gefängnis.

Stephen Paddock besuchte das College und arbeitete für Unternehmens Lockheed Martin. Jedoch Platziert Im Immobiliengeschäft und hatte Viel Geld gemacht. In den letzten Jahren war er Profi-Gambler.

Es bleibt also die Frage: Warum haben Sie das gemacht? War er ein Psychopath?

Nach den Dreharbeiten kann man sagen, dass Stephen Paddock einen Mangel an Reue, Schuld oder Empathie gehabt haben muss: Es ist der einzige Weg, wie er so viele Menschen kaltblütig töten könnte. Aber wussten wir vor Sonntag etwas?

Stephen Paddock war Psycho oder verrückt? Aber wenn er tatsächlich ein Psychopath war, dann ist es das, was ich denke: er hat sein ganzes Leben lang einen Deckel auf seine Tendenzen gehalten.

Die Ermittler analysierten, dass sich Psychopathen mit zunehmendem Alter verschlechtern werden.

Vielleicht war Stephen Paddock wie die Schul schützen, die mit einer Explosion ausgehen wollten — außer bis zum Alter von 64 warten, um dies zu tun.

Meine Aufgabe ist es, das Bewusstsein zu schärfen.

Desto mehr sind wir in Frieden mit uns selbst, Desto mehr werden wir Frieden haben Mit den anderen.

In Zeiten des Terrors

Einführung

Freud verwendet ein Konzept, um wiederkehrende und kontraproduktive Muster in Verhaltensweisen zu erklären Destruktive die als "repetitive Zwänge". Freud und Einstein im Buch "Instinkt und Überleben" erklären in ihren Briefen, dass es kein dunkles Tier gibt, das Domin nichtEmos Uns Gleichen. Die Antworten auf alle Konflikte können in uns selbst gelöst werden, indem wir jedes verstehen und Rätsel aufbauen, die wir überleben können. Die Geheimnisse der Menschen und ihre Verhaltensweisen sind in uns, als Individuen konterkarieren wir unsere Ängste und Sehnsüchte. Wir alle haben die Tendenz, zu konkurrieren, auf die Notwendigkeit der Pflege, den Wunsch, sich zu vernetzen und frei zu sein. Die Antwort ist, wie wir unseren Ängsten und Bestrebungen entgegenwirken; Die Einheit, um zu konkurrieren und sich um uns selbst zu kümmern. Einstein und Freud fügen hinzu: "Wie viel Mehr Frieden Wir haben mit uns selbst, mehr Frieden können wir anderen bieten ".

Bewusstsein für Psychopathie:

Das Hauptziel dieses Schriftstellers ist es, das Bewusstsein für die Psychopathie zwischen Männern und Frauen zu schärfen. Dieses informative Buch wird es für Männer und Frauen einfacher machen, insbesondere für Familien, Psychopathie und sozial qualifizierte Missbraucher zu identifizieren. Dieses

Buch ist eine Kombination aus Recherche und Beispielen der persönlichen Lebenserfahrung des Autors, die sich mit einem Psychopath beschäftigt.

Es wird auch die Eigenschaften von Psychopathen definieren, indem es Beispiele liefert, um Ihre Welt zu identifizieren und was die Bedrohungen der Menschen um uns herum sind. Wie man einen stillen Schlangen Angriff verhindern kann; Wissen Sie, wer Sie sind? Das Hauptziel ist es, den Lesern zu zeigen, wie man die Psychopathie verschiedener Eigenschaften erkennt und wie man Sie von anderen unterscheidet. Es ist wichtig, das wahre unsichtbare Gesicht hinter deinem Lächeln zu finden.

Dieses Buch ist evidenzbasiert und zeigt Beispiele für sexuellen Missbrauch Und die Psychopathie (Persönlichkeitsstörung) Wie überlebt man den Angriff eines Psychopathen? Es ist möglich, wenn wir uns genug erziehen, Liefert Beispiele Mit Details ihre dysfunktionalen Persönlichkeiten. "die Vergangenheit dieses Schriftstellers ist eine neue Zukunft für Familien." Leider, wenn ein KindHGe Vernachlässigt oder mit jemandem, der als "vertraut" gilt, dem wir vertrauen können, passiert etwas. "Wir müssen die Augen öffnen, wenn es um Terror, Gewalt Und die Raubtiere ". Trauen Sie nicht jedem, wenn es um Ihre Kinder geht.

Um die Lösung des Konflikts zu erreichen, Man muss Informiert. Dieser Schriftsteller hat geholfen Viele, vor allem Frauen, in der Beratung, einen Angriff zu überleben. Das wichtigste ist, zu lernen, unsere Kinder zu schützen. Prävention: Educándonos uns das bedeutet Schutz. Wir müssen uns erziehen, um unseren

Kindern eine bessere Zukunft zu bieten. Ich möchte meine Werte teilen, denn der Mensch ist Demut, Die Familie Die Wahrhaftigkeit, Integrität, Die Einheit Die Liebe, Fürsorge Und Mitgefühl gegenüber anderen. Im Kopf eines Psychopath gibt es nicht die Hälfte dieser Werte. Unwissenheit ist der schlimmste Alptraum, wenn es um einen echten Psychopath geht.

Ich helfe Ihnen zusammen, die Eigenschaften und Eigenschaften des Psychopathen zu erkennen, basierend auf meiner persönlichen Erfahrung. Es war keine leichte Aufgabe, dieses Manuskript zu schreiben, aber gleichzeitig ist es sehr informativ. Das Buch ist in verschiedene Abschnitte unterteilt. Die Kapitel basieren auf Erläuterungen, Literatur und Die Features von Psychopathen. Die wichtigen Zeichen Von all den Psychopathen sind die folgenden: mündliche Kommunikation, Lüge, Risikofaktoren, Manipulatoren, Gewalt in Schulen, Psychopathie verdoppelta, eine kleine Erklärung des Androzentrismus, der Sozialexperten-Missbraucher, psychologische Folgen und Konfliktlösung über den Umgang mit Psychopathen und Sozialexperten-Missbrauchern.

Inhaltsverzeichnis:

Carl Jung ~ der Schatten:

Carl Jung in seinem Buch "schlechte Männer tun, was gute Männer Träumen", Erklärt, wie Jeder hat eine Schatten Als Teil des Unbewussten Das beherrscht unsere Verdrängte Wünsche, die Schwächen und Unsere Tierischen Instinkten. Jung erklärt, desto weniger erkennen wir unsere <<Schatten>>, Weniger ist die Zustimmung enthalten Eine Das Leben des Individuums, dieser Überschuss kann schwärzer und Dichter werden. Desto mehr weigern wir uns an unseren Schlechte GedankenAusführenMOS mehr Gefahr, von Ihnen kontrolliert zu werden. In vielen Fällen, wie wir den Terror in Las Vegas beobachten können, passt bisher nur eine psychopathische Eigenschaft, es scheint, dass Stephen Paddock ein Bedürfnis hatte Was ihn dazu bringt, andere zu ermorden. Er lebte sein Leben durch Zufall. Wenn wir an einen Psychopath denken (Begriffe, die oft als Synonyme nach dem klinischen oder sozialen Kontext verwendet werden), neigen wir dazu, an Ted Bundy oder einen berüchtigten Serienmörder zu denken: jemanden, der in der Lage ist, Menschen zu quälen und zu manipulieren, um das Vergnügen zu tun. Aber Psychopathen Tatsächlich Oftuentran An Bord sind Köpfe wie die von Präsidenten oder Unternehmensführern, das heißt, Menschen, die in der Gesellschaft perfekt funktionieren müssen.

Psychopathen nicht Sie sind nur Killer, gesteht, dass M.E. Thomas seit seiner Kindheit davon fantasierte, seinen Vater mit seinen eigenen Händen zu töten, zusätzlich Menschen zu stranden, die in seiner Schul Routine sahen, oder als Kind Babys im Pool ertränkte; Auch wenn Sie diese Fantasien nicht ausführen, unterhalten sich die Soziopathen in Ihnen ohne Konsequenzen. Weniger gesunde Unterhaltung besteht *jedoch aus <<Menschen ruinieren<<; In Thomas ' Worten: <<Ich weiß, dass mein Herz schwärzer und kälter ist als die meisten Menschen. Vielleicht ist das der Grund, warum es Sie also Ich bin versucht, deine zu brechen>>.*

Die Psychopathie ist eine Störung der Die Persönlichkeit, Das manifestiert sich in Eine Gleiche und die Anderen können Sie Einschließlich unehrlicher und manipulativer Verhaltensweisen; Für AnalystenDie Psychopathen können manipulativ sein, Charmant, narzisstisch und ohne Reue Und die Kontrolle über die eigenen Impulse. Robert Hare, ein kriminalpsychologe, entwarf 1980 einen Test für die Diagnose der Psychopathie, die sich GewohntuN zu bestimmen, ob ein krimineller ausreisen kann Auf Kaution oder verdient härtere Strafen. Vor ein paar Jahren behauptete Hare selbst, dass <<Es ist viermal wahrscheinlicher, einen Psychopath an der Spitze der Firmen Leiter zu finden, als ihn im Büro des Hausmeisters zu finden.>>.

In dem Buch <<Geständnisse eines Soziopathen>>BeSchreibt M.E. Thomas in der ersten Person das Problem In einem Psychopath, der Jurist ist, Arbeiten an Ein renommierter Lehrplan, Universitätsprofessor und Psychopath in der Zeit der Erholung. Obwohl er eine "normale" Person auf der Außenseite ist, hinterfragt Thomas die Grundlagen der Normalität, indem er bekennt, dass er ständig über das Morden von Menschen fantasiert, Abreise Ihrer Freunde, wenn Sie persönliche Probleme haben und aufhören, lustig zu erscheinen, zusätzlich zu dem ständigen Kampf gegen Perioden der Selbstzerstörung.

Carl Gustav Jung, einer der Gründer der Psychologie und Der moderne Psychoanalytiker pflegte zu erklären, dass wir alle aus derselben Quelle trinken. Er erklärt in seiner Theorie, dass, nach denen, Während Unser Leben versuchen wir, "einzigartige" und unabhängige Individuen zu sein, aber ein Teil unseres Gedächtnisses wird mit der gesamten Menschheit geteilt. Nicht den Import von Kultur oder Geschlecht, Wir alle suchen War Ideal der Schönheit, der Göttlichkeit der Musik. Das Unternehmen ist für Beton zuständigBe in Diese ideale, und wie Sich in der Realität manifestiert. Zum Beispiel Glück: Es gibt eine Reihe von Anforderungen, die, wenn Sie nicht erfüllt werden, es uns nicht erlauben, bewusst zu akzeptieren, dass wir vielleicht schon glücklich sind. Solche Anforderungen sind nicht absolut und ändern sich von Generation zu Generation. Die Person, die jung früher Klassifiziere Als Individueller Fortschritt in vier Etappen: der erste war die Person, die Maske War Wir benutzen jeden Tag, indem wir vorgeben, was wir nicht sind. Wir denken, dass die Welt von uns selbst abhängt, dass wir die besten Eltern, liebenden, Freunde oder Feinde sinds. Wir sind die besten Bosse Und Dass der Traum vom ganzen Menschen aufhört Arbeiten und Reisen Sie Ihr ganzes Leben lang. Manche Leute denken, das passt nicht In Ihrem Leben gehen Sie in eine Nächste Phase: der Schatten.

Der Schatten:

Carl Jung erklärt, dass "die sombra", Es ist unsere schwarze Seite, die diktiert, wie wir handeln und uns Verhalten sollten. Indem Sie versuchen, loszuwerden "die persona ", In uns, Wir können LichtUns Und wir bekommen die Netze der Spinnen, Feigheit, Egoismus, Neid und andere zu sehen Mehr Dinge. Viele überwinden, was Sie empfinden oder wie Sie handeln, indem Sie sagen: "Es stimmt, dass ich viele Mängel habe, aber ich bin würdig, und ich will weiterkommen". In diesem Moment verblasst der Schatten, und wir schließen uns der Seele an. Das hängt nicht mit der Religion zusammen, sondern mit der Welt und dem wissen. Instinkte beginnen zu verfallen, Emotionen werden radikal, die Signale, die wir im Leben aussenden, sind wichtiger als Logik. Wir erlauben diese Manifestation oder diese Idealität, Was uns ernste Probleme bringen kann, denn es ist nicht die Realität. Die ideale, die wir in unseren Köpfen negativ erschaffen, können uns Probleme bereiten. Psychopathen erzeugen oft negative oder unlogische Gedanken des Lebens, um Ihre Lücken zu füllen. Das wichtigste für Sie ist, ihre Seelen oder Ihr Leben zu füllen, um in ihrer unwirklichen Welt glücklich zu sein.

II. Was ist Psychopathie?

Die Psychopathie ist ein psychologischer Zustand, in dem der einzelne zeigt Eine große Empathie für die Gefühle anderer, Und Die Brauchen Auf unmoralisches und unsoziales Verhalten zu setzen, um kurzfristige Gewinne zu erzielen. Auch Die Psychopathen Sie leiden unter Selbstbezogenheit, Narzissmus, ohne Angst zu haben Negative Folgen von Charakter StiftRisikoverhalten, das mann Werden Relativ Schwer für Sie oder Sie, viele sind Unempfindlich gegen Strafe. Ohne Angst zu sein Verhaftet wegen Kriminelle Verhaltensweisen oder sozial Strafen. Die Psychopathen sind Raubtiere und welcheSie wollen in der Lage sein, ihre Brauchenzu jeder Zeit zu einem

Mögliche Beute. Ein Punkt, der große Sorge bereitet, ist, dass Viele von Ihnen sind Menschen Für die Betreuung und Betreuung ihrer Opfer zuständig. Am 20. November 1989 verabschiedete die General Versammlung der Vereinten Nationen die Konvention über die Rechte des Kindes und verkündete die elementaren Rechte der Kinder in der Welt.

Psychopathen haben ein höheres Risiko Eine Teilnahme an Was Sie nennen Reaktive und instrumentale Aggressionenes. Instrumentale Aggression (manchmal alsa Proaktiv) ist geplant und gesteuert Mit Zielen, und wird verwendeta In einer Besonderer Zweck, zum Beispiel: Drogen oder Sex zu erhalten, oder einfach Domain zu etablieren Über etwas. Das Hauptziel ist nicht unbedingt, anderen zu Schaden, Für Sie ist Holen Sie sich nur die gewünschten Ergebnisse Um dich glücklich zu machen oder dein Ego zu füllen. der AProgression entsteht eine emotionale Reaktion Was ist es Als Werkzeug berechnet. Die reaktive Aggression hingegen ist viel impulsiver und basiert auf Emotionen aus der Wahrnehmung einer Bedrohung oder einem unkontrollierten Angriff oder Zorn (Schouten, 2012).

1) Wir unterscheiden Psychopathen und wer sind:

Psychopathie-Merkmale-Theorien

Nach Angaben des Verhaltens Genetikers Dr. David Lykken (1995) sind Psychopathen Teil anderer fehlgeleiteterS und verrückt. Diese Der Schriftsteller erforscht die Geschichte des körperlichen und sexuellen Missbrauchs der Kindheit und die verschiedenen Persönlichkeiten und Kategorien innerhalb der Psychopathie. Hirn Studien erklären Dass Psychopathen abnorme Hirnaktivitäten haben. Die Psychopathie wird definiert als eine affektive, zwischenmenschliche Konstellation und Verhaltenssymptome, die von einem manipulativen Individuum geprägt sind, mit naiv, unverantwortlich, egoistisch, unsensibel, impulsiv, aggressiv, ohne Empathie und mit wenig Reue oder Schuld als Folge eines schädlichen und antisozialen Verhaltens (Hase, 2003).

Warum ist diese Forschung wichtig? Diese Forschung basiert auf Die Persönliche Erfahrung des Schriftstellers, der mit einem Psychopath lebt. Diese Forschung könnte auch Menschen helfen, die Opfer von Unterschiedliche Missstände, Gewalt in Schulen und als Kommen Sie, um psychotika Persönlichkeiten zu verstehen und zu identifizieren und Die Eigenschaften dieser Personen Bevor es zu spät ist. Neumann (2007) Analyse Die Die Psychopathie als eine der anerkanntesten Persönlichkeitsstörungen. Dieses Dokument stellt eine Untersuchung Vergleich zwischen Frauen und Männern und psychopathischen Verhaltens. Hare (2003) erwähnt, dass es wichtig ist, dass mehr Forschung durchgeführt wird, um die Merkmale Psychopathen zwischen den beiden Geschlechtern zu identifizieren und wie sich das Syndrom manifestiert. La psychopathische Vielleicht Wegen seiner bedeutenden Beziehung zu Gewalt, Aggression und anderen Pathologien (Hare, 2003).

Dieser Schreiber Verwenden Verschiedene Theorien, die sich entwickeln, um die Grundlagen dieser Persönlichkeitsstörung zu erklären; Und dabei Mehrere mögliche Einflüsse , die den Beginn einer psychopathischen Persönlichkeitsstörung erleichtern. Der Zweck des Buches ist es, die Leser auf einfache und beschreibende Weise verschiedene Faktoren der Psychopathie durch Beispiel in der vertrauten Umgebung, neurologische Faktoren und Faktoren der Vorhersage Psychopathie zu informieren.

von Karpman (1941) grundlegender Artikel, der zwischen Primär-und Sekundär Psychopathie unterscheidet, bildet die Grundlage für die weitere Erforschung von Theorien und deren Varianten. Es ist wichtig, Karpman (1941) Theorien über die Assoziation zwischen primärer und sekundärer Psychopathie zu erkennen. Oft die Psychos War Wollenn Alle Sie sind Narzissten, Abweichler und Betrüger. Psychopathen sind böse, und viele sind unreif. Psychopathen können als Die Jäger stalkt eine Beute, vor allem SImmer den Platz finden Geeignet für die Jagd, in zweiter, identifiziertn Den Griff, capturan a Der Damm und schließlich Machen Ihre Schrecklich Schlechte TatenS und teuflische.

Nach Karpman (1941), die wichtigsten diferencia es Auf der Grundlage der Ätiologie. Karpman (1941) theoretisierte, dass Psychopathen von einem affektiven Defizit gekennzeichnet sind, das angeborene sekundär ist, während Psychopathen durch eine affektive Störung gekennzeichnet sind, die sich infolge schädlicher Interaktionen mit dem Umgebung. Einige Psychos Zeigtn Anzeichen einer primären Psychopathie Und Von Persönlichkeitsmerkmalen, wie egozentrisch, manipulativ, Täuschung und der Mangel an Reue gegenüber seinen Opfern und dem Universum.

Karpman (1941) sagt, dass sekundäre Psychopathen ihre Symptome als emotionale Anpassung an schädliche Faktoren in ihren Häusern darstellen. Karpman (1941) argumentierte, dass sekundäre Psychopathen psychopathische Züge entwickeln, um mit diesen widrigen Bedingungen wie elterlichem Missbrauch und Ablehnung fertig zu werden. Ein Teil des Missbrauchs Grundes beruht auf Faktoren wie Alkoholismus, Missbrauch und Vernachlässigung der Familie. Eltern, die eine Alkohol-oder Drogensucht haben, haben eher Kinder, die die Psychopathie entwickeln und Eine weitere neurologische Behinderung.

Karpman (1941) theoretisierte, dass primäre und sekundäre Psychopathen sich in Ihrem affektiven Kern und zwischenmenschlichen Beziehungen unterscheiden können und dass Ihr Grad an Impulsivität und Aggression variieren kann. Karpman (1941) argumentierte, dass sekundäre Psychopathie, die mit ihr führt, Depression, Angst und Neurosen Charakter nicht in der Psychopathie vorhanden.

Dr. Hare (1999) beschreibt Psychopathen als Raubtiere, die Charme, Manipulation, Einschüchterung und Gewalt nutzen, um andere zu kontrollieren und ihre eigenen egoistischen Bedürfnisse zu befriedigen. Viele nutzen Überzeugungsarbeit, um zu bekommen, was Wollen Mit Charme, um einzuschüchtern und zu manipulieren. Diese makellose Haltung, Manipulation und Charme werden benutzt, um anderen zu zeigen, denen man vertrauen kann, die sich als moralische Menschen darstellen. Psychopathen sind geschickt darin, das eine zu sagen und das andere zu tun und den Leuten zu sagen, was Sie hören wollen, um Zeit für Ihren nächsten Plan zu kaufen. Sie könnten gegenüber anderen sehr einflussreich sein. Ihre Unfähigkeit, Accessoires oder Empathie für andere (unter anderem) Ergebnisse der Psychopathie zu bilden.

Karpman (1941) ist auch der Ansicht, dass primäre Psychopathen ein "abwesendes Bewusstsein" haben, während sekundäre Psychopathen ein "gestörtes gewissen" haben. Nach Karpman (1941) erleben sekundäre Psychopathen das gleiche hohe Maß an Feindseligkeit wie Psychopathen, aber Sie bleiben sekundäre Psychopathen, die in der Lage sind, überlegene menschliche Emotionen wie Empathie, Schuld, Liebe oder Der Wunsch nach Akzeptanz. Primäre Psychopathen sind weniger impulsiv als High-School-Psychos. Karpman (1941) schlägt auch vor, dass primäre Psychopathen oft instrumentell handeln, um Ihren eigenen nutzen oder Ihre eigene Erregung zu maximieren, während sekundäre Psychopathen oft reaktiv auf Emotionen wie Hass und Rache reagieren.

Karpman (1941) betrachtet diese Reaktion als das Ergebnis der sekundären Psychopathie, die dem neurotischen Konflikt zugrunde liegt. Können Sie Fragen, was es ist: "neurotischer Konflikt?" Laut Freud im Allgemeinen stellt eine Neurose einen Fall dar, in dem das Ego der Bemühungen, mit seinen Wünschen durch Repression, Vertreibung usw. fertig zu werden. Außerdem kann es mit einer Erkrankung wie Hypochondrie oder Neurasthenie in Verbindung gebracht werden, die sich aus scheinbaren organischen Verletzungen oder Veränderungen und Symptomen wie Unsicherheit, Angst, Depressionen und irrationalen Ängsten ableitet, aber ohne psychotische Symptome wie Wahnvorstellungen oder Halluzinationen.

Karpman (1941) Theorie positioniert diese Aufgabe für eine weitere Erkundung der ursprünglich konstruierten einheitlichen Hypothese der Psychopathie um 70% höher als die primäre Psychopathie 58%.

Drei der wichtigsten Zeichen: Sie sind reichlich in mündlicher Kommunikation, Fasern und manipulativ.

Kommunikation Mündliche:

Psychopathen wissen, dass Sie anders sind, einer der wichtigen Punkte es , die in der mündlichen Kommunikation großartig sind undn Ohne Schüchternheit in jedes Gespräch springen. Zum Beispiel eines der vielen Schilder Ist, dass Sie reden können Mit Menschen Ein Psychopath es In der Lage, an einem Gespräch teilzunehmen, ohne sich zu schämen. Einige von Ihnen sind mit großen Talenten motiviert, die Rezensionen der Menschen zu lesen und neue Freunde zu finden und sicher zu sein, dass Sie von jedem Freund oder Verwandten bekommen, was Sie wollen. Es ist sehr einfach für Sie zu sammeln Die Informationen Über andere Und Auch Finden Sie, was Ihnen gefällt und was Ihnen nicht gefällt. Es besteht kein Zweifel daran, dass Sie auch in der Lage sein werden, zu wissen, was Ihre Bedürfnisse sind, ihre Einheit, ihre Haltung, ihre Schwächen und Schwachstellen. Sie haben eine Lebensweisheit, die wir nicht haben, weil Sie für Ihren eigenen Fortschritt genutzt wird. Die Welt für Sie ist ein Spiel, und alles, was Sie tun müssen, ist, die Spielzeuge zu bewegen, um zu gewinnen.

Sie können auch die Tasten ändern, Und die Bösen "Spiele" kennen dieser Individuen. Wie auch immer, Sie nie Sie übernehmen die Verantwortung für nichts und Sie sind nie falsch. Die meisten Psychopathen handeln Als wären Sie die Opfer, und das Uns Wir sind die Bösewichte; Sie werden nie verstehen, warum, Sie sind nur auf der Suche Nachfüllen Ihre Bedürfnisse. Psychopathen Sie sind in mancher Hinsicht stark, in anderen aber ignorant. Sie können nicht verstehen, warum wir aufgehört haben, mit Ihnen zu reden, oder Was Sie falsch gemacht haben. Ich war ein guter Freund, Cousin, Bruder, Schwester? Warum wird Sie sehen uns falsch? Die Antwort ist einfach, können Sie dieses Buch lesen, zusätzlich zu anderen Büchern geschrieben, Wir hatten die Chance zu wissen, wer Sie sind.

Nach dem Ausscheiden Eine Meiner Familie, gutes zu tun, sind wir in einen anderen Zustand umgezogen. Zu diesem Zeitpunkt geben wir die Informationen nicht nur zu Sicherheitszwecken bekannt. In diesem neuen Leben trafen wir ein paar Leute, die uns Versicherten, dass Sie unsere neuen "Freunde" seien. Mein Mann lUnd genossen und genossen viele Besuche in Ihrem Haus sowie zu unseren. Eines Tages, in der Mitte Von diesen besuchen stehen wir vor einem großen Vorfall, der unsere Freundschaft für immer geprägt hat. In Eine von Ihnen eingeladene Partei, wir Wir kauften ein paar Drinks, speziell Sangria und andere edibeln Der Essen. Am Ende Die Party, Wir haben weder die Sangria, noch das Essen irgendwo gefunden. Bei der Ankunft bemerkte mein Mann, dass einige der Produkte, die er Kaufen Für Die Party Sie befanden sich noch im Auto. Die Psycho eingenommen hatte Die Blutung Und alle anderen, um es mit zu nehmen HGe Nachdem die Party vorbei war Ohne uns zu sagen Nichts davon. Warum? Psychopathen spielen ein Spiel, und Sie wollen immer die Gewinner sein. Nach dem Kauf all dieser Gegenstände, das Mindeste, was er tun konnte, war, ihn in Die Partei, wie wir vereinbart Für dass alle Genießenn. Dies ist ein typisches Beispiel für Verhaltensstörungen Im unter Psycho, Die Notwendigkeit, immer zu gewinnen und etwas für Sie zu bekommen, auf eigene Rechnung o Risiko. Nach diesem Vorfall hat er uns übrigens nie gesehen Mehr Haare. Du weißt nie, was dein nächster betrug sein wird oder Psychopathie, um Profit zu erzielen, indem man andere benutzt und empört.

Zweite Lüge:

Warum Lügen Sie? Es ist schwer zu erkennen Die Lüge, aber Es ist nicht Unmöglich. Die meisten Menschen nehmen Ihre Lügen nicht wahr, War IHS Basierenddas In Die Psychopathie. Lüge dient vielen ZweckenZum Beispiel Das Misstrauen und die Sorgen der Opfer zu lindern, und ihre Die Fiktion der Realität. Als War Erwähnt in seinem Buch "SErpientes bei TBevorzugen ", Sie IHS Künstler Eine Erstellen Ihre Geschichten und überzeugenden Erklärungen. Diese künstlerischen Geschichten kann kommen, um zu überzeugen An andere mit Unterhaltung und Erklärungen. Diese psychopathischen Individuen sind unsterblich darin, keine Gefühle zu zeigen, Sie können sich nicht fühlen, Sie haben kein Gesicht, Sie haben keine Emotion und können Ihre Geschichten ohne Mimik projizieren. Hase (2003) war zutreffend Wenn er sagt, ist es "Künstler," um seine überzeugenden Geschichten und Erklärungen zu schaffen. Der primäre Schlüssel Zu verstehen Psycho Schauen Sie zurück auf Ihren Spiegel und Sie müssen finden. Sie sind nicht nur Künstler, sondern auch die Darsteller stechen heraus. Weitere Bücher sollen mit einem anderen Autor psychopathischer Erlebnisse geschrieben werden.

Die einzige Möglichkeit, zu wissen und zu entdecken, wer Sie sind, ist, mehr Bücher zu lesen und zu lernen und die Definitionen des charmanten, Künstlers, charismatischen, aus der Box zu verstehen und zu sehen, wie Sie wirklich sind, Psychopathen. Wir dürfen auch nicht vergessen, dass Sie Psychopathen sind und sind Lügner. Meisten Menschen nicht Durch die Lügen hindurch schauen, aber wenn wir uns auf die "Detail", Wir kommen zu Ihre wahren Identitäten sehen.

Hare y Babiak Erklären, dass die Lügen und andere überzeugen und nutzenl Charme wird gemacht, um ein Klima des Vertrauens, der Akzeptanz, Das kann zu Eine wahre Freude. Sie wissen, wie man anderen gefällt, indem Sie Ihnen sagen, was andere alagando hören wollen und eine falsche Welt erschaffen, zwischen Lügen und Herrlichkeiten. Werden Sie Meister der LügeWährend , die andere glauben, sind Sie sind Ein Beispiel für die Gesellschaft. Ihr Hauptziel im Leben ist es, Akzeptanz zu schaffenWährend Andere glauben, alles, was Sie sagen. Estoder motiviert Sie und lEs gibt dir die macht, weiter zu Lügen.

4) die Manipulatoren:

Psychopathen sind ausgezeichnet Manipulatoren, und Sie wissen sehr genau, wen Sie nach Ihrer Laune manipulieren können. Der Halbbruder nutzte Manipulation, um ein Klima des Vertrauens zu schaffen Zwischen Die Familie, auch meine Mutter War Vertrauenswürdigen In allem, was er sagte. Er vertraute so sehr darauf, dass er ihm die Kraft seines Lebens, und gerade deshalb landete Sie in einem Pflegeheim, im Krankenhaus, das Sie Gehasst, und wo er nie kommen wollte. Als ich vor dem sterben anrief, um es herauszuholen, war es zu spät, der Psychopath hatte sich selbst gemacht und ließ sich dort sterben.

Sie War Ihre Opfer Um ihm zu vertrauen, trauen Sie diesen Maniacs nie, Sie können Ihr Leben beenden. Sie gehen Nach seinem Zwecke, und nach und nach Erhalten Was Sie denken, ist Ihr. Keine Gefühle oder Emotionen, Sie glauben Dass Sie weitermachen können, was Sie wollen. Es Ihre Verpflichtung Nicht aufhören Bis Bekommen, was Sie Wollen. Das ist wahr, Psychopathen geben nicht auf, bis Sie den Kampf gewinnen, und Sie haben das, was Sie brauchen, um Ihr Ego zu wachsen. War es Gleich War Das passiert bei den spielen. Ihren Köpfen Und die Denkweise lässt sich vergleichen Zu einem Brettspiel, Manipulation des SpielsAls. IHS Manipulatoren, es Ihre Natur, andere zu nutzen, sogar Missbräuche gegen ihres OpferS, obwohl diese Kinder. Wenn wir Sie haben Unter Überwachung ist für Sie schwieriger Tun Schaden Eine Ihre Opfer, aber Wenn niemand in Alarmbereitschaft ist, ist soder Ziel ist einfacher. Manchmal suchen diese Manipulatoren nach Kindern, weil Sie nie gelernt haben, sich positiv mit Andere Erwachsene. EsA ist Die Zeit, in der die Gefahr beginnt, und dass SieMos Stehen. Familienangehörige sollten sich darüber im klaren sein, dass Manipulationen treten häufig In Verschiedenen Übergangspunkte im Leben des Kindes.

3) kindliche Risikofaktoren

Ich erinnerte mich, als wir klein waren, wie sehr es mich stört. Die Psycho konnte ich die Füße Um mich zu verschließen, Ohne Strom Herumlaufen Die Haus und ich Haben Schreien viel. Immer Lebte asustada, im Alter von fünf Jahren sehr schüchtern. zum Psycho

Gepflegt Viel War Ich hatte die Aufmerksamkeit meiner Mutter und Der Die ganze Familie. Ihn immer gestört, dass ich Stärker als er, Obwohl ich War der kleine In das Haus. Muchos Kinder wachsen mit Problemen und Gefühlen der Aufgabe. Was ich eines Tages hören konnte Eine Meine Onkel waren, dass HGe HDA Probleme, mit anderen zu sozialisieren. Ihre Probleme begannen schon in jungen Jahren, und ich bina Dass meine Mutter wusste Alle, basierend In ihren Aktionen und War Hid. Ich war zu Kleine Für Erkennen Etwas. Die Psychopathie CNA Erscheintr Später im Leben, einige bereits Geboren mit dieser Erkrankung De Persönlichkeit. Das eigentliche Problem ist Die Hartnäckiges Muster des antisozialen Verhaltens in der Kindheit und Im unter Jugend. Der Psycho-Bruder, als Teenager tendierte zur Verletzung der Soziale Normen, Aggression gegen Tiere oder andere Kinder offensichtlich, Er zerstörte auch gerne die Schulen und die Straßen. Die Zerstörung von Eigentum, Betrug, Raub und schwere Verstöße gegen die Regeln Sind einige der Symptome innerhalb der Psychopathie. Es gibt sechs verschiedene Diagnosen im DSM-IV des antisozialen Verhaltens der Kindheit:

Verhaltensstörungen, die eine Reihe aggressiver Verhaltensweisen gegenüber Menschen oder Tieren, Zerstörung von Eigentum, Wahrhaftigkeit, ein Muster der Täuschung und/oder schwere Verstöße gegen Standards zu Hause oder in der Schule beinhalten.

Die trotzige negative Störung (Odd)-diese Kinder und Jugendlichen präsentieren oft ein Muster des Ungehorsamen und trotzigen Verhaltens, einschließlich des Widerstands gegen Autoritätsfiguren, wenn auch nicht so gravierend wie Verhaltensstörungen. Dazu gehören immer wiederkehrende Temperaments Probleme, häufige Gespräche mit Erwachsenen und

Belege für Wut und Ressentiments. Darüber hinaus ist die Defiant Child/adolescentes versuchen oft, andere zu ärgern.

Unspezifische störende Verhaltensstörungen (Dbd-NOS)-Dies ist eine Kategorie für diejenigen, die CDs zeigen und seltsam, die nicht die diagnostischen Kriterien erfüllen.

Adaptive Störung: mit gemischter Veränderung der Emotionen und Verhalten, Es ist eine Matrix von antisozialen Verhaltensweisen und emotionalen Symptomen, die innerhalb von drei Monaten nach einer stressigen Situation und nicht die Kriterien der genannten Störungen erfüllt.

Einstell Störung: mit Veränderung der Verhalten: Diese Option ähnelt anderen Anpassungsstörungen, aber mit antisozialen Verhaltensweisen.

Junge, Mädchen oder Teenager antisoziales Verhalten -Diese Kategorie ist von antisozialen Verhaltensweisen isoliert nicht indikativ für eine psychische Störung.

Kleinere soziale Kompetenzen Missbrauchern:

"ein Psychopath erfindet die Realität, um seinen Bedürfnissen gerecht zu werden" (grondahl, 2006). Diese Schriftsteller Forschung über Persönlichkeits Psychopathie-Kategorien unterscheidet sich nicht wesentlich von der Geschichte des körperlichen oder sexuellen Missbrauchs in der Kindheit; Ein höherer Anteil sekundärer Psychopathen unterstützt jedoch eine Geschichte des körperlichen und sexuellen Missbrauchs. Cleckley (1988) erwähnt, dass er, wenn er im Lichte seines Verhaltens, seiner Haltung oder des Materials, das er in psychiatrischer Untersuchung erhalten hat, beurteilt wird, kein Gefühl der Scham zeigt. Dieser ältere männliche Schriftsteller zeigte keine Emotion oder Fürsorge nach dem Missbrauch sowie keine Zeichen der Reue und blieb bewegungslos, da nichts passierte. Cleckley (1988) erklärt, dass die Psychopathen immer voller Verwundbarkeiten sind, von denen jede noch rücksichtsloser die Vertreter der Gewöhnlicher Mensch. Allerdings zeige er trotz seiner Macht Proteste nicht den geringsten Beweis für große Demütigung oder Reue. (Neumann, 2007)

Dieser ältere Bruder männliche Schriftsteller fehlt moralische und menschliche Standards. Sein Verhalten war immer ein von Überlegenheit. Seine Realität wurde zu seinem Vorteil aufgebaut, ohne Bedauern oder die Folgen seines Handelns. Dieser Schriftsteller kann sich dank dieser Psychopathie-Forschung, einer Persönlichkeitsstörung, voll und ganz schätzen und verstehen. Als Teil ihres Handelns und Verhaltens; Ein opportunistischen und ein Psychopath, der frei ist, das zu tun, was er wollte, mit dem er davon kam. Er ist ein klassischer Psychopath. Hase (1999) erwähnt Psychopathen fehlt gewissen und Gefühle für andere, dass kaltes Blut, was Sie wollen und tun, was Sie wollen, verletzen soziale Normen und Erwartungen ohne das geringste Gefühl der Schuld oder bedauern.

Neuere Forschungen deuten darauf hin, dass es einen Zusammenhang zwischen Persönlichkeits psychopathischen Störung und irgendeiner Form von sexueller Gewalt Jugend (Shohov, 2002). Shohov

(2002) bezeichnet auch, dass die Beziehung zwischen dem Kind und der lästigen sicopatía viel weniger klar ist. Auf der Grundlage von Forschungsergebnissen können wir argumentieren, dass einige Sexualstraftäter als sexuelle Psychopathen eingestuft werden können, kriminelle sexuelle Abweichungen, deren Verhalten auf die Profile verschiedener Opfer gerichtet ist und Motiviert vor allem durch spannende und Opportunity (Shohov, 2002). Forschung, die zu einem besseren Verständnis dieser Menschen beiträgt und diesen Prozess verbessert. Ein Faktor, der wesentlich zur allgemeinen Delinquenz und zu sexuellem abweichenden Verhalten im besonderen beiträgt, ist die Konstellation von Merkmalen weiß Wie Psychopathie (Shohov, 2002). Für sexuelle Psychopathen behaupten Sie, dass dies das sexuelle Element ist und dass das Typ-Opfer Sie im allgemeinen oder zu diesem bestimmten Zeitpunkt Gegenstand gewalttätiger Emotionen sind (Porter 2000).

Porter (2000) vermutete, dass es sich bei Individuen um Psychopathen über repräsentierte Straftäter handelt, die eine Vielzahl von Opfern sexuell beleidigen. Das grundlegendste Klassifizierungssystem für Sexualstraftäter unterscheidet Vergewaltiger und Kinderschänder (Shohov, 2002). Kinderschänder sind Opportunisten, unter den Bedingungen und Parametern, um ihre Verbrechen zu begehen. Missbraucher suchen nach einfachen Zielen, meist Kindern, die Sie kennen und mit denen Sie eine Beziehung haben. Autor dieses Halbbruder Männchens sah eine Gelegenheit, seinen sexuellen Appetit zu befriedigen und nahm es weg. Ohne elterliche Aufsicht verlassen, wurde seine Prädispositionen Psychopathie für ihn einfacher, bitte. Auf der anderen Seite, im Fall der primären Psychopathie von Halten: Die Liegen

Keine physiologischen Reaktionen. Lügen ist ihre Hauptwaffe. Lügen ist die Rechtfertigung ihrer Chefs, die das Recht haben, Schaden anzurichten, und die Tatsache der Lüge ist so natürlich wie das Atmen. Wenn Sie in einer Lüge gefangen sind, versuchen Sie zu entkommen, indem Sie mehr Lügen schaffen.

Wer sind die "professionellen Stylisten?" sind die ersten, die sich mit Erwachsenen über den ausdrücklichen Zweck amüsieren, freien Zugang zu unschuldigen Kindern zu ermöglichen, aber unwissend über Erwachsene (van Dam, 2006).. Kinderschänder bewegen sich auch um diejenigen, die eher zu nett sind, um sich vor Ihnen zu verteidigen, zu schüchtern und begierig, Ihnen zu sagen, dass Sie gehen sollen, zu abhängig davon, energisch zu sein und sehr beeindruckt von dem Rang, der macht, Sozialer Zustand, noch Geld , um das richtige zu tun (van Dam, 2006).. Kinderschänder verbinden sich bewusst mit Erwachsenen, die mit diesen Fragen nicht zurechtkommen. Sie suchen Erwachsene, denen es darum geht, die Gefühle anderer Menschen zu verletzen. Wie charmant Erwachsene, die es nicht glauben, dass es passieren könnte. Dam (2006) erwähnt in seinem Buch "die Gesellschaft Missbraucher qualifizierter Kinder", Kinder, die ein höheres Risiko haben zu erleiden Sexueller Missbrauch durch diese Kaninchen Friseure sind die Kinder, umgeben von Erwachsenen, die nicht Magen über kindesbelästigung lernen können (van Dam, 2006).. Diese Erwachsene Daher können Sie versehentlich eher Kinderschänder in ihren Häusern, Organisationen oder Gemeinden willkommen heißen, Tests ignorieren, Probleme lösen und über den Glauben möglicher Verdächtigungen sprechen (van Dam, 2006).. Kinderschänder, die Süchtig nach Sexuelle Beziehungen zu Kindern, daher ist es wahrscheinlicher, dass Sie auftreten, wenn Kinder sich treffen. Manchmal muss man nur in einen Chat gehen und einen Termin mit einem Kind ohne elterliche Erlaubnis einrichten. Nicht-verwahrbare Kinder sind Mehr Schnell Des Missbrauchs von Kindern, die ständig elterlichen Schutz haben. Einige professionelle Stylisten kümmern sich einen Schritt weiter und pflegen die Menschen aus dem Heim. Zum Beispiel die Manipulation von Freunden, Familie, bekannten, Weggefährten und Fachleuten; Entweder, um Situationen zu fördern, in denen Sie stören oder Helfer schaffen können, denen bei ihrer Verteidigung geholfen wird, wenn Sie erwischt werden. Die Sauberkeit des sozialen Umfelds bleibt auch dann bestehen, wenn ein Verbrecher zugibt oder verurteilt wird. In diesem Fall bot die Halbbruder-Täterin an, sich um Ihre kleine Schwester zu kümmern, um Sie zu missbrauchen. Ablehnung als Möglichkeit, der Situation zu entkommen. Es ist ein weitere Merkmal von Sexualstraftätern und kindermolesters verweigert ihnen, was Sie taten.

Dieser Schriftsteller soll ein Beispiel für halb kranken Bruder und Toilette geben. Das ist ein Fragment der Geschichte, das sich auf Manipulation bezieht. Es ist wichtig zu verstehen, dass Psychopathen extrem Manipulatoren. , die an einer Persönlichkeitsstörung leiden, und kindermolesters Freunde ihre Opfer.

Der Halbbruder Bastard, Er ging mit seinen Missbräuchen weiter Mehrmals Bis zu einem Alter Erweiterte. Was passierte, als er nach Madrid Spanien. Der Halbbruder war nie ein Bruder , wir Geben Sie eine Verdammnis über Ihre kleine Schwester. Er wird mich nie gehen oder mit mir reden. Bis zu dem Tag, an dem er die Frisur und den Missbrauch des Opfers begann. Als ich ein Kind war, hat niemand diesem Schriftsteller viel Aufmerksamkeit geschenkt, mit Ausnahme einiger

Madrider Cousins. Meine Mutter und mein Vater waren nicht die typische Art des Gesprächs, und ich habe mir nicht viel Aufmerksamkeit geschenkt. Der ältere Bruder ging immer zu sich selbst und nie Presto much Aufmerksamkeit Gegenüber Ich. Daher wusste der Psycho, dass er erfolgreich sein würde Sein Missbrauch war Eine leichte Aufgabe für ihn. Ich war in den Händen der Gift, vom Teufel.

Im Alter von elf und dreizehn Jahre Meine Entwicklung HDA Sehr schnell gewechselt und der Halbbruder Ist Dero Konto, und bis zu diesem Tag hat er nie mit mir gesprochen, nur um mich zu berühren. Ekelhaft. Aber für viele in dieser Gesellschaft könnte ich ein sehr charmanter Mensch sein, ich vergleiche den Entführer der drei Frauen in Ohio, Castro. Der Bruder Der noch nie mit mir gesprochen hat, Begann zu redenMich über Superman. CHen Girl, Ich liebte Superman und Er hatte sogar ein Bild von Ihn in meinem Zimmer. Er erzählte mir von Superman und Erzählte mir Sehr hübsche Dinge über ihn, und das Ich wollte kaufen Eine Plakat größer als Superman für mich. Sie haben krank, dass frech, diejenigen, die mit dem Bettler Sie haben keine Vergebung von Gott. Der Toiletten Vorgang dauerte ein oder zwei Wochen und dann an, meine Kleider abzu nehmen. Im Alter von elf Jahren hatte dieser Schriftsteller keine Ahnung, was er wollte. Nach und nach zog er seine Kleider aus und missbrauchte mich im Alter von elf, zwölf, dreizehn, vierzehn, fünfzehn und siebzehn Jahren. Das Kind korrupter ist fast sechs Jahre älter als dieser Schriftsteller; Zu dieser Zeit geschah dies wahrscheinlich siebzehn, achtzehn, neunzehn und zweiundzwanzig. Er wusste, was er tat. Er hat im Alter von elf Jahren pornografische Zeitschriften gezeigt, und ich wurde gebeten, zu öffnen Mein Bein Und Sie heben die Mädchen in den Magazinen auf. Er ist nicht nur ein Pädophiler, Rasierer, Psychopath, sondern ein

Bastard. Er wird nicht seine kleine Schwester oder irgendjemanden bekommen, die Kinder sind nicht geboren, um missbraucht zu werden. Die Pflege hörte im Alter von vierzehn Jahren auf, und es scheint, dass Er war Müde von diesem Spiel und eines Tages versuche ich, vor meiner Mutter und Ihrem zu spielen Big Brother. Big Brother sagte: "kleine Schwestern haben nicht berührt." Meine Mutter sah es und erkannte, was los war und stellte mich in eine Kindergarten Versucht, ihn aufzuhalten. Meine Mutter hat meinem Vater nie etwas gesagt, da Sie wusste, dass Sie ihn umgebracht hätten. Das war das falsche, wie es weiter Beschimpfungen. Er ist ein Schwein und der Teufel. Ich könnte das Leben unter wilden Tieren überleben, weil ich besser bin als Sie, und es war meine Entscheidung, kein Tier wie Sie zu werden. Der Halbbruder soll ins Gefängnis. Aber dank meiner Mutter, die Schutz hat, bleibt eine Gefahr für die Gesellschaft und für die kleinen Kinder.

Als Kind, das Missbräuche erlitten hat, sind weniger qualifiziert, Gesichtsausdrücke zu entschlüsseln. Kinder, die missbraucht wurden, waren weniger geschickt darin, Gesichtsausdrücke von Emotionen zu entschlüsseln und wurden als weniger Sozial kompetent eingestuft.

Verbindung mit anderen Überlebenden: der Effekt:

Denn das Opfer konzentriert sich auf Fragen der Identität und Intimität, die sich oft wie eine zweite Adoleszenz anfühlen. Der Überlebende, der in einem missbräuchlichen Umfeld aufgewachsen ist, hat in der Tat die erste Adoleszenz verweigert und es fehlt oft an den sozialen Fähigkeiten, die sich während dieses *lebenszustandes entwickeln. Die Unbekümmertheit des Bewusstseins und das Bewußtsein des normalen selbst, das die turbulente und schmerzhafte Adoleszenz macht, werden häufig bei Überlebenden Erwachsenen verstärkt, die sich für Ihr "rückwärts" schämen können, wenn Sie die Kompetenzen erwerben, die Anderen Erwachsenen. Auch der Umgang mit Stil-Teenagern kann im Moment wichtig sein.*

Mit Kindern über Gewalt sprechen:

Tipps für Eltern und Lehrer

Gewalttaten, die viel Publicity erhalten, vor allem solche, die in den Schulen passieren, können Kinder verwirren und erschrecken, die das Gefühl haben, dass Sie oder Ihre Freunde und Angehörige sind in Gefahr. Sie werden Erwachsene für Informationen ansprechen und wissen Wie Reagieren. Eltern und Schulpersonal können Kindern helfen, sich sicher zu fühlen, indem Sie ein Umfeld der Normalität und Sicherheit schaffen und mit Ihnen über ihre Ängste sprechen.

1. beruhigen Sie, dass Sie sicher sind. Betonte Schulen seien sichere Orte. Geben Sie Ihren Gefühlen Gültigkeit; Es ist wichtig zu verstehen Dass alle Arten von Gefühlen akzeptabel sind, wenn eine Tragödie eintritt. Verlassen als ihre Kinder Eine Tl Der Ihre Gefühle, Hilfeos Eine Diese Gefühle relativieren und dabei helfenes, um diese Gefühle richtig auszudrücken.

2. Platz bietet und Zeit zum Reden gibt. Deja Dass die Fragen des Kindes Eine Guide, und hören Sie die Informationen liefert. Geduldig sein. Sie wollen nicht immer frei über Ihre Gefühle reden. Halten Sie die Uhr, um die Schilder zu bemerken, die Sie sprechen wollen, wie zum Beispiel schweben, wenn Sie Geschirr waschen oder Aufgaben im Garten erledigen. Manche Kinder ziehen es vor, sich schriftlich auszudrücken, Musik zu spielen oder ein Kunstprojekt zu absolvieren. Kinder brauchen möglicherweise Mehr Kleine konkrete

Aktivitäten, die Ihnen helfen, ihre Gefühle zu erkennen und auszudrücken (wie zeichnen, Bücher mit Bildern oder imaginäre Spiele sehen).

3. die entsprechenden Erläuterungen für das Entwicklungsniveau beibehalten.

diE ersten Klassen der Grundschule diese Schüler brauchen einfache, kurze, ausgewogene Informationen, die dafür sorgen, dass Häuser und Schulen sichere Orte sind und dass Erwachsene Sie schützen.

in den späten Elementar-und frühen mittleren Klassen werden diese Schüler eher verbal sein, Fragen stellen, ob Sie wirklich sicher sind und was Sie in ihren Schulen durchmachen. Sie brauchen vielleicht Hilfe, um die Fantasien von der Realität zu trennen. Mit Ihnen sprechen Bemühungen um die Bereitstellung sicherer Schulen durch Schul-und Gemeindeleiter.

in den späten zwischen-und Sekundär Klassen werden diese Schüler starke und unterschiedliche Ansichten über die Ursachen von Gewalt in Schulen und der Gesellschaft haben. Sie werden konkrete Vorschläge teilen, wie die Schulsicherheit verbessert und Tragödien in der Gesellschaft verhindert werden kann. Betonen Sie die Rolle, die der Student bei der Aufrechterhaltung der Schulsicherheit spielt, indem Sie die Sicherheitsrichtlinien befolgen (zum Beispiel, den fremden keinen Zugang zur Schule zu gewähren, den unbekannten in der Schule zu berichten, Bedrohungen für die Sicherheit der Schule zu melden Von Studenten oder Gemeindemitgliedern, etc.). Sie sollten den Administratoren Bedenken über die eigene persönliche Sicherheit vermitteln und die Unterstützung für emotionale Bedürfnisse nutzen.

4. Sicherheitsvorkehrungen prüfen. Regelungen und Schutzmaßnahmen sollten in die Schule und in die Haushalte aufgenommen werden. Helfen Sie Kindern, mindestens einen Erwachsenen in der Schule und in der Gemeinschaft zu identifizieren, auf den Sie zurückgreifen können, wenn Sie sich bedroht oder in Gefahr fühlen.

5. beobachten Sie den emotionalen Status der Kinder. Einige Kinder werden Ihre Bedenken nicht verbal äußern. Es kann bezeichnend für das Ausmaß der Angst oder Sorge der Kinder Veränderungen in Verhalten, Appetit und Schlafgewohnheiten sein. In Most Die Kinder, werden diese Symptome auf

Geben Sie Ihnen Sicherheit und mit der Zeit. Allerdings könnten Sie bei manchen Kindern auf heftige Reaktionen eingehen. Kinder, die frühere traumatische oder persönliche verlusterfahrungen gemacht haben, Menschen, die an Depressionen oder anderen psychischen Erkrankungen leiden, oder solche mit besonderen Bedürfnissen, können ein erhöhtes Risiko für schwere Reaktionen haben. Wenn Sie irgendwelche Bedenken haben, sollten Sie die Hilfe eines Experten für psychische Gesundheit suchen.

6. begrenzen Sie die Beobachtung dieser Ereignisse im Fernsehen. Begrenzen Sie das, was Sie im Fernsehen sehen, und seien Sie sich des Fernsehens auf einigen kommunalen Plätzen bewusst. Es kann zu Angst-und Verwirrungs Informationen führen, die für das Entwicklungsniveau des Kindes, insbesondere für kleine Kinder, ungeeignet sind. Erwachsene müssen sich auch über den Inhalt von Gesprächen im klaren sein, die mit anwesenden Kindern führen, auch vor Teenagern, und Sie darauf beschränken, rachsüchtige, hasserfüllte und wütende Kommentare zu hören, weil Sie Sie missverstehen können.

7. halten Sie eine normale Routine. Es kann asegúrales und die körperliche Gesundheit durch die Aufrechterhaltung einer normalen Routine zu fördern. Vergewissern Sie sich, dass die Kinder genug Schlaf bekommen, regelmäßig essen und trainieren. Ermutigen Sie Sie, sich über Aufgaben und außer kreisförmige Tätigkeiten zu informieren, aber nicht mit Gewalt, Weil Ist Seine Pilze Belastet.

Vorschläge für Schwerpunkte beim Gespräch mit Kindern:

-Schulen sind sichere Orte. Sie arbeiten mit den Eltern zusammen, um Sie sicher zu halten. Alle sind vereint, Schul Angestellte und öffentliche Sicherheit (örtliche Polizei, Feuerwehr, Rettungskräfte, Krankenhäuser, etc.).

DaS Schulgebäude ist sicher, weil... (siehe Schul spezifische Regelungen).

WiR alle spielen eine Rolle in der Schulsicherheit. Achten Sie darauf und kommunizieren Sie mit einem Erwachsenen, wenn Sie etwas sehen oder hören, das Sie beunruhigt oder Nerven oder Angst verursacht.

Es ist nicht dasselbe, diesen Klatsch oder SNITCHING zu melden. Sie können wichtige Informationen zur Verfügung stellen, die Sie gehört oder gesehen haben, die Sie durch geben oder kommunizieren verhindern können. Lenken die Anonym mit Ein vertrauenswürdiger Erwachsener

-Schauen Sie sich nicht die schlimmsten Möglichkeiten an. Obwohl es keine absolute Garantie dafür gibt, dass nichts Schlimmes jemals passieren wird, ist es wichtig, zwischen der Möglichkeit, etwas zu geschehen, und der

Wahrscheinlichkeit zu unterscheiden, dass es unsere Schule beeinflussen wird.

Es ist schwer für jeden, sinnlose Gewalt zu verstehen. Es kann uns helfen, sich besser zu fühlen und von den Sorgen der Veranstaltung wegzukommen, indem wir Dinge tun, die uns Spaß machen, die normale Routine beibehalten und mit Freunden und Familie sein.

-Manchmal tun die Leute schlimme Dinge, die anderen weh tun. Vielleicht konnten Sie mit der Wut nicht umgehen, Sie standen unter dem Einfluss von Drogen oder Alkohol oder Sie litten vielleicht an einer psychischen Erkrankung. Viele Erwachsene (Eltern, Lehrer, Polizei, Ärzte, geistliche Führer, etc.) arbeiten hart daran, Sie dazu zu bringen, zu verhindern, dass Sie anderen Schaden. Es ist wichtig, dass wir alle wissen, wie wir Hilfe suchen können, wenn wir uns sehr aufgeregt oder wütend fühlen und nicht von Drogen und Alkohol wegkommen.

Wir bleiben weg von Gewehren oder anderen Waffen. Wenn du weißt, dass jemand eine Pistole hat, hat ein Erwachsener benachrichtigt. Einer der wichtigsten Risikofaktoren für tödliche Gewalt ist der Zugang zu Waffen.

-Gewalt ist nie eine Lösung für persönliche Probleme. Schüler können Seien Sie Teil einer positiven Lösung, indem Sie an Programmen gegen Gewalt in Schulen teilnehmen, die Fähigkeiten der Konfliktvermittlung erlernen und die Hilfe eines Erwachsenen suchen, wenn Sie oder ein Partner Schwierigkeiten mit IRAs, Depressionen oder anderen Emotionen, die Sie nicht kontrollieren können.

Das gestörte Verhältnis: Hier

In einem unterbrochenen Klima In Das Verhältnis zu Das Kind steht vor einer gewaltigen Entwicklung. Ich musste einen Weg finden Um mein Leben zu retten und Auch das ist ein Teil der Entschließung. HDA Einen Weg zu finden, ein Gefühl von Grund Vertrauen zu entwickeln, und Sicherheit mit allem um mich herum. DesarrollaNdo Meinem eigenen Sinn In Ich Gleichen, In Bezug auf andere Menschen, die Sie waren fahrlässigUnempfindlichs, oder grausam für mich. Ich musste meine eigene Körper Selbstregulierung in einem Umfeld entwickeln, in dem mein Körper jemandem in der Familie zur Verfügung stand, mein Bruder des Mediums. Als Arta PequeîA, ich wusste nicht Was Sie Ich War los und was Sie taten Ich Hda Um ein Umfeld zu schaffen Initiative Die ich durchführen konnte, zwischen den Die Einhaltung von Missbrauch und Aggressor. Auf der anderen Seite muss der missbrauuser das gleiche tun; Seine Aufgabe, sich zu verstecken, ist gewaltig, Als ein Psycho, Nur HGe Tun könnten.

Ich Ich Fühlte Verlassen, Ohne Gnade; Versucht, Finden Sie Vertrauen in mich MISMa, um Hoffnung und Sinn zu bewahren In mein Leben. He Überlebt, wie viele Menschen in Gefangenschaft, die einer Misshandlung ausgesetzt sind, müssen Bestehen zuL Missbrauch, Nachlässigkeit und Terror. Ich wusste es nicht Nichts vom Leben, meine Familie spricht nie mit mir, Im Alter von acht und neun Jahren Jahre Konnte nicht aussteigen Ausgeführt, Auch wenn ich es mehrmals Versuche. Hda War Aufenthaltes in Heimat und Denke Dass es nichts falsches an meinem Eltern und die Aufgabe Psychologische, war an sexuellem Missbrauch nichts auszusetzen. Dass dies Teil Ich Wachstum, das Es war nicht Liebe, keine Liebe, nicht einmal In einer Andere Weise. Nach dem Leben In Meinem Heimatland Von meinen Tanten und Großmüttern betreut, reiste ich In ein neues Land, wohin ich ging Von meinen Eltern vernachlässigt, Was mich dem Teufels Hände. Tragischerweise meine einzige Flucht War Akzeptieren Schmerz, Missbrauch und ertragen Qual.

Wenn Sie es Gegenstand der Misshandlung, einer versehentlich Er fühlt sich schuldig und beschämt; Der Grund ist das Alter, ich konnte nicht zwischen gut und Böse urteilen. Das geschah, als ich acht war Jahre, Wenn Das Kind ist Beginnend mit Entwickeltr. Dieser Schriftsteller konnte nicht begreifen, was mein Bruder mit meinem Körper tat und Die Warum? Dieser Schriftsteller war sehr jung, schüchtern und Ohne Schutz Der Ihren Eltern.

Ich Ging können Überleben Ohne aufzugeben Zu hoffen Eines besseren Lebens, ohne Missbrauch. Daher Glauben an Menschen, die zuhörenKampf Und du verstehst meine Geschichte. Ich fand Mitgefühl zwischen Freunde und fremde, Mehr als in Meinen eigenen Familie von Blut. Ich habe auch ausüben konnten Mitgefühl gegenüber anderen und Gelernt Ein Leben ohne Schmerz zu leben.

Im Zusammenhang mit der dissliation ist sexuelle "Taubheit," die das Ergebnis eines Kindes ist, das seinen Körper bereit ist, gegen unerwünschte während der taktilen Erregung zu betäuben (Scott, 2008). Leider kann dieser Abwehrmechanismus in einem Gefühl der gewünschten dissation während der sexuellen Aktivität mit einem geliebten Menschen später im Leben führen.

Wenn Frauen als Kinder sexuell angegriffen wurden, können die Folgen mächtig sein. Aktuelle Beziehungen können In negativer Weise beeinträchtigt werden. Emotionale oder physische Intimität zu geben und zu empfangen, ist oft gefährdet. Die Ängste einer Frau können Ihre Gefühle ihren Kindern projizieren.

Hinzu kommt, dass andere Erkrankungen wie das Ergebnis schwerer Kindesmissbrauch Die Entpersonalisierung Und die Störung. Das kann physisch, emotional oder sexuell sein.

Schlussfolgerungen im Jahr 2002 deuten darauf hin, dass vor allem emotionaler Missbrauch ein starker Vorhersager für entpersonalisierungs Störungen im Erwachsenenleben ist, sowie die Entpersonalisierung als Symptom anderer psychischer Störungen, die Analyse einer Studie von 49 Patienten Diagnostiziert Die entpersonalisierungs Störung zeigt höhere Werte als Kontroll Subjekte der Gesamtmenge des emotionalen Missbrauchs an und hält der maximalen schwere dieser Art von Missbrauch Stand (Scott, 2008). Die Forscher kamen zu dem Schluss, dass emotionaler Missbrauch von Psychiatern im Vergleich zu anderen Formen von Kinder Traumata relativ vernachlässigt wurde. (Scott, 2008)

Trauma: Tipps und kurze Daten

1. Trauma ist ein ernstes Problem. Rund 35 Millionen Kinder haben mindestens einen erlebt Veranstaltung, die Kinder Traumata verursachen könnte (Kind und Teenager, 2012). Um Von 72% der

Kinder und Jugendliche in den Vereinigten Staaten
werden mindestens ein stressiges Ereignis erlebt haben
(z.

Sie werden Zeugen oder Opfer von Gewalt sein; Sie
werden sexuellen, körperlichen oder emotionalen
Missbrauch erfahren; Erleiden wird eine

Verletzungen oder eine schwere Erkrankung; Wird den
Tod eines Vaters oder Bruders erleiden) vor dem 18.
Lebensjahr

(Deryck, Silver, & Prause, 2014).

2. Trauma kann nachhaltig wirken. Kinder Trauma
kann das Risiko des Leidens erhöhen

Psychologische, verhaltensbedingte oder emotionale
Probleme (Depressionen oder Stressstörungen

Post traumatische [PTSD]), Substanzmissbrauch,
geringer Berufs Erfolg oder Schulversagen,
Fehleinstellung Soziale und schlechte Gesundheit.

3. es gibt mehrere Arten von Traumata, darunter die
folgenden:

• Gewalt in der Gemeinde, in der Heimat und in der
Schule.

• Körperlicher und sexueller Missbrauch.

Fahrlässigkeit.

• Komplexes Trauma (mehrere traumatische Ereignisse
und eine gravierende Wirkung)

• Frühkindliche Traumata (jedes traumatische Ereignis,
das Kinder zwischen 0 und 6 Jahre).

Medizinisches Trauma.

- *Naturkatastrophen.*

- *Trauma durch Terrorismus, als Flüchtling oder als Kriegsgebiet.*

- *Traumatischer Verlust.*

4. Wenn ein Kind das Ereignis als bedrohlich wahrnimmt, bleibt das Kind eher

Traumatisiert. Diese Wahrnehmungen der Bedrohung werden durch (1) die Art des Ereignisses beeinflusst

Krise selbst, (2) Exposition gegenüber der Krise, (3) Beziehungen zu den Opfern der Krise, (4) Reaktionen

Von Erwachsenen angesichts von Traumata und (5) eine Vielzahl von individuellen/persönlichen verletzbarkeits Faktoren.

5. Risikofaktoren des Traumas. Bestimmte Merkmale sind mit einer Erhöhung der Wahrscheinlich ein traumatisches Ereignis erleben, wie das folgende:

Nähe zu einem traumatischen Ereignis.

Letzte Exposition gegenüber einem Trauma.

Aktuelle oder vergangene psychische Probleme oder das vorhanden sein einer Behinderung.

Substanzmissbrauch oder psychische Erkrankung der Eltern.

Begrenzte soziale Unterstützung oder Isolation.

Familiären Stress.

Verlust oder Angst, einen geliebten Menschen zu verlieren.

Besonderheiten der Gemeinschaft.

Entwicklungsstand.

Armutsniveau.

6. häufige Reaktionen auf Traumata: Schock oder Ungläubigkeit, Angst, Traurigkeit, Schuld/Scham, Schmerz, Verwirrung, Pessimismus oder Wut. In den meisten Fällen sind diese Reaktionen temporär und verringern Mit der Zeit.

7. Warnschilder. Wenn eines der folgenden Symptome im Laufe der Zeit nicht abnimmt, wenn Sie Auswirkungen In der Fähigkeit des Kindes, an normalen Aktivitäten teilzunehmen, oder wenn Veränderungen wahrgenommen werden, Bezeichnend ist, dass eine Überweisung an einen psychisch Kranken Fachmann notwendig sein kann.

Unterbrechung oder Isolierung von Beziehungen zu Gleichaltrigen.

Allgemeiner Mangel an Energie oder mangelndes Interesse an Aktivitäten, die Sie früher genossen haben.

Angespannte familiäre Beziehungen (erhöhtes schlechtes Benehmen, angreifende Mitglieder Im unter Familie Weigern sich, an normalen Familien Routinen teilzunehmen).

Verminderte schulische Leistung, vermeiden, zur Schule zu gehen, Konzentrationsschwierigkeiten.

Körperliche Beschwerden ohne erkennbare Ursache.

Unsachgemäß zurechtzukommen (Drogen-oder Alkoholkonsum, schwere Aggression)

Wiederkehrende Alpträume und Berichten starke Ängste vor Tod, Gewalt usw.

die Wiederholung von traumatischen Ereignissen.

Geringes Selbstwertgefühl, in negativer Weise von sich selbst sprechen (wenn dies nicht vorher ersichtlich war Die Trauma).

Schlafprobleme (Schwierigkeiten beim Einschlafen oder Einschlafen) und Essen.

Erhöhte Stimulation (leicht erstaunt oder schnell wütend), Agitation, Reizbarkeit, Die Aggressivität.

Verhaltens Regression (Daumen saugen, nächtliches urinieren, Abhängigkeit, Angst vor Dunkelheit).

8. Schulen spielen eine wichtige Rolle bei der Verringerung der Auswirkungen eines traumatischen Ereignisses

Bei einem Kind. Die Kinder verbringen den Großteil des Tages in der Schule, wo sich die Erwachsenen engagieren Zur Verfügung, um Ihnen zu helfen. Pädagogen können Kindern helfen, indem Sie Ihnen die Struktur geben Von einer gewohnten Routine, indem Sie Ihnen einen sicheren Ort geben, um die Anliegen zu teilen, um aufmerksam zu sein Hinweise in der Umgebung, die eine traumatische Reaktion auslösen können und zusätzliche Unterstützung bieten.

Fazit: Konfliktlösung:

*Dieser Schriftsteller ist Förderung in
Konfliktlösung, ist das wichtigste für eine
Entschließung Lassen Sie alle Irritationen, Wut,
Ressentiments, Verärgerung und Enttäuschung. Nicht
viel können wir für unsere Vergangenheit tun, aber wir
können unsere zukünftigen Kinder verändern Kümmert
sich um Sie. Das hat mir geholfen, dieses Buch zu
schreiben und alle Informationen zu sammeln. Die
Erfahrung hat mir als Opfer geholfen, die andere Seite
der Realität zu sehen, die Realität des Missbrauchers
und Psychopath. Aus praktischen Gründen sind die
meisten Menschen davon abhängig, wie die Menschen*

handeln sollen. Die Erfahrung des Umgangs mit dem missbrauuser eines Kindes und Psychopath hilft mir, seine Täuschungs Verlängerungen klar zu verstehen, wer weiß, wie man sich hinter seiner Maske verbirgt und Manipulation macht ihn zu einem Experten, wenn es darum geht, die Akzeptanz anderer zu bekommen. Egal wie oft ich meine Geschichte erklären kann, nur andere verstehen das, wenn Sie sich mit dem Raubtier von Angesicht zu Angesicht treffen, und selbst wenn wir Raubtiere ausgesetzt sind, können wir Sie vielleicht nicht durchschauen. Aufgrund ihrer Psychopathie sind Sie schwer zu erfassen. Der Täter hat immer die Wahrheit über sich selbst von anderen verborgen. Er habe auch bewusst Teile seines Lebens aufgedeckt, die den Verdacht mindern würden. Er hat gelernt, andere Reaktionen und Manometer zu lesen, wenn andere misstrauisch sein könnten. Er ist ein geschickter Betrüger. Menschen, die mit ihm im Journal arbeiten, müssen die grundlegenden Schritte lernen, um seine bewusste Täuschung zu erkennen. Die Auflösung dieser Schrift bestand darin, dieses Buch zu schreiben, um das Bewusstsein auf der Grundlage seiner persönlichen Erfahrungen mit einem Psychopath zu schärfen. Gleichzeitig konnte der Schriftsteller anhand der Forschung lernen, was die Eigenschaften eines Psychopathen sind. Diese Recherche öffnete mir die Augen für diesen Schriftsteller und die Leser. Da Alkoholiker Sexualstraftäter nie heilen. Das Verhältnis zu Ihnen sollte auf Skepsis beruhen. Lykken (1995) argumentiert, dass die meisten Kinder antisozialen Verhaltensweisen durch unzureichende elternschaft ohne Eltern und Mütter, die ihre Kinder vernachlässigen, verursacht werden. Vielleicht frustriert das Kind Sie oder vielleicht sind ihre elterlichen Fähigkeiten subnormale, und in jedem Fall handelt das Kind (Lykken, 1995). Lykken (1995) nennen diese Kinder Psychopathen, Mit seinen wenigen Bessere soziale Kompetenzen zu Hause und außen. Es liegt in der Verantwortung der Eltern, dies zu tun, und wo Nicht die Eltern, Das Kind mit Merkmalen kann Express durch Gewalt (Lykken, 1995). Die Meinung des Autors, Kinder, die zur Psychopathie neigen, können Führung durch gute Eltern durch Züge zugunsten sozialer Formen. Sie leben in allen Kulturen. Karpman (1948) ist der Ansicht, dass infolgedessen nur sekundäre Psychopathen anfällig für eine Behandlung sind, weil ihr Verhalten Erworben Und auf der Grundlage eines zugrunde liegenden Konflikts und besitzen daher die Fähigkeit, moralisches und ethisches Leben zu leben. Es ist klar, dass diese Art von Strategien (die auch NachteileDer war gut Lügen, betrugrTäuschungen etc.) Sie werden sehr häufig von Psychopathen im Alltag verwendet und funktionieren in der Regel gut für Sie, vor allem, wenn es um den Zugang zu ihren Gleichaltrigen und die Ressourcen geht, die zum Überleben benötigt werden (Hare, 1993). Eltern, wo es angebracht ist, sensible Formen, Lehren Kinder Der Potenzieller Missbrauchs Gefährder und wie man ihn verhindern kann. Seien Sie sich der Warnsignale bewusst, als eine plötzliche Änderung des Verhaltens des Kindes, die ein Zeichen dafür sein kann, dass es ein Problem gibt, und wir müssen auf ein Kind von instabilen Gefühlen aufmerksam sein und ihre Herkunft identifizieren (Scott, 2008).

Diese schriftliche Es ist ein Persönliche Recherche-und Analyse Reise Über die Psychopathie, hat zu einem Entdeckung und Offenbarung in der Diagnose Der Männliche Brüder Und die Persönlichkeitsstörung. Diese Erkrankung wurde Erkannt Die if-Diagnostik Durch diese geschrieben nach der Erfahrung und mit dem Psycho Leben. Wenn man Unschuldige Kind Es ist sehr schwer zu verstehen, was um dich herum vor sich geht, das Schriftsteller war gefüllt mit Psychische

Angstes Und Der Psychische Folgen. Konfliktlösung kann in dieser Situation nur auftreten, wenn Familienangehörige wie Mutter, Geschwister und nahe Verwandte verstehen und erkennen die Pathologie einer Persönlichkeitsstörung als Psychopathie. Um die Wiederholung von Vorfällen zu verhindern und zu vermeiden, die sich in diesem Schriftsteller ereignet haben, sollte eine Art Intervention so durchgeführt werden, dass dieser ältere Bruder der Erkrankung ausgesetzt wird.

Wenn die Konfliktlösung, die Fähigkeit, die andere Seite der Realität zu sehen, das ist, was uns vor den Angriffen eines Psychopathen retten wird; Also sind Sie es und nicht so, dass Sie versuchen Darstellen Selbst für die Familienmitglieder, die wir geliebt haben, glaube ich nicht, dass es diesen Konflikt ohne Eure Hilfe lösen wird. Die Gegenwart ist wichtig, die Vergangenheit ist Vergangenheit, aber wir müssen an den Traumata der Vergangenheit arbeiten, um heute ein besserer Mensch für die Gesellschaft zu sein. Wenn wir erst einmal zur Erkenntnis kommen, was mit uns passiert ist, können wir uns nicht mehr verletzen. Es ist Zeit, sich zu erholen und neu zu werden.

Auflösung nach dem Trauma.

Nachdem das Trauma in der Vergangenheit abnimmt, stellt es kein Hindernis mehr für Intimität dar. An dieser Stelle ist das Opfer nicht mehr der Opfer Aber es ist ein neues Opfer geworden. Beziehungen in der Zukunft sind positiv und man muss bereit sein Mit Energie und neuen Ideen zu etablieren. Wenn das Opfer Beteiligt In einer Beziehung während des Prozesses der Recovery

Es wird leichter, den Prozess zu durchlaufen. Ich Paar half mir Viel mit meinem Trauma.

Die Lösung des Traumas ist nie endgültig, und es endet nie; Die Genesung ist nie abgeschlossen. Die Auswirkungen eines traumatischen Ereignisses werden weiterhin durch den Überlebenden durchgeführt werden Und des Lebenszyklus. Alle hängen, wenn Der Überlebende, Hilfe zu finden, um sich zu erholen, aber was ist das wichtigste im Streben nach Frieden und Verständnis für das, was geschehen ist. Die Konflikte, die in einer Erholungsphase ausreichend gereift sind, werden aufhören, und wiederkehrende werden verschwinden, aber der Grund für die Erstellung dieses Buches ist, den Opfern zu helfen, Auflösung. Es stimmt zwar, dass viele von uns Erinnerungen Traumatische Aber es gibt einen Moment in unserem Leben, den wir sagen können: "heute werde ich aufhören zu leiden; Heute, wie weint nichtRe." "heute ist meine Zeit, glücklich zu sein". vergib dir selbst und schaffe dir heute ein neues Leben. Wir können nicht zulassen, dass Erinnerungen jagen, oder Ihnen erlauben, dass wir uns miserabel fühlen. Die die Führer unseres Lebens sind, und wir haben die macht, die Menschen zu verändern, die wir sind. Heute ist der Tag, um sich gut über sich selbst zu fühlen, um Sie zu sein und andere zu akzeptieren, wie Sie sind. Wir müssen uns wiederholen, dass wir gut sind, wir sind nicht mehr die Opfer, wir sind die Überlebenden, und wir sind hier In diesem Erde, um die Traumata zu ertragen, von Ihnen zu lernen und weiterzugehen. Ich verstehe manchmal, dass es nicht leicht ist, zu vergehen, aber man muss es tun, um zu überleben und ein besseres Leben zu haben als das Leben der Person, die es missbraucht. Obwohl durch die Entschließung nie Es reicht mir allzu oft, als Überlebender meine Aufmerksamkeit auf die Aufgabe des normalen Lebens zu richten.

Trauma und Genesung

Nach dem Buch der Traumata und Erholung die Folgende Phasen müssen befolgt werden und alle sind miteinander verbunden. Es gibt keine Ordnung in der Art und Weise, wie Sie diese Stadien verwalten, aber es ist wahr, dass Überlebende durch einige dieser Stadien gehen. Man kann vor den anderen kommen, es gibt keine Ordnung in der Art und Weise, unsere Gefühle und Schikanierung zu verwalten. Der wichtigste Teil des Prozesses ist es, dankbar zu sein für Ihr aktuelles Leben und die Veränderungen, die Sie vorgenommen haben, und bestellt für das, was Sie jetzt haben, das der Teil des Wiederherstellungs Systems ist.

Die psychischen Symptome einer posttraumatischen Belastungsstörung waren überschaubar oder nicht existent

In der Lage, Gefühle zu kontrollieren, die mit posttraumatischen Belastungen oder Missbrauch verbunden sind, Etc.

Die Person hat die Befugnis, ihre Erinnerungen zu verwalten und zu entscheiden, wann Sie durchgeführt werden soll, und die Zeit, sich in der Seite zu verstecken

Das Selbstwertgefühl wurde wieder hergestellt = das muss Eine Arbeitete a Tagebuch, ist eines der härtesten, um sich zu erholen.

Bedeutung der Beziehung festgestellt oder restauriert.

Die Person hat ein kohärentes System von Bedeutung und glauben rekonstruiert, dass es die Geschichte des Traumas umfasst.

Meine Theorie: Ändern Sie Ihre Meinung, ändern Sie Ihre Denkweise wird Ihnen helfen, ihr positives Wesen zu ändern und keine Angst zu haben, Sie selbst zu sein.

Verweise:

Cleckley, H. (1988). Die Maske der Vernunft, Augusta, Georgia: Hervey Milton.

Grondahl, P. (2006, 13. August). Porco bezeichnete ihn als Psycho-Killer. . Abgerufen am 10. Juli 2012, Union: http://www.TimesUnion.com/AspStories/Story.ASP?st oryId=508011&Category=PORCO&BCCode=&newsdate =9/9/2009.

Hare, R. (1999). Ohne Gewissen: die verstörende Welt der Psychopathen unter uns. Nueva York: Guilford Press.

Hare, R. (2003). Technisches Handbuch der Psychopathie überarbeiteten Liste 2. Hg., New York : Mehrere Gesundheitssysteme.

Karpman, B. (1941). Was die Notwendigkeit betrifft, die Psychopathie in zwei verschiedenen klinischen Subtypen zu trennen: der symptomatischen und idiopathischen. Journal of Criminal Psychopathologie, 3, 112-137.

Luck, D. T. (1995). Antisoziale Persönlichkeiten, Hillsdale, NJ: Lawrence Erlbaum assoziiert.

Neumann, C. (2007). Der Super koordinatencharakter der Psychopathie überarbeiteten Liste. Tagebuch der Persönlichkeitsstörungen, 21 (2), 102-117.

Pearson, P. (1998). Als Sie sich geirrt hatte: wie und warum Frauen mit einem Mord, Vintage, Kanada: Kanada Data Katalogisierung in der Publikation.

Sin, S. (1984). Innerhalb des kriminellen Geistes, Mal Bücher.

Scott, R. G. (2008, 5 Abril). Die tragischen Folgen des Missbrauchs zu heilen.Abgerufen am 14. Juli 2012, aus der Kirche Jesu Christi der Heiligen der letzten Tage: http://www.LDS.org/General-Conference/2008/04/to-Heal-the-Shattering-Consequences-of-abuse?lang=eng.

Shohov, S. (2002). Fortschritte in der psychologischen Forschung, Band 15, Hauppauge, Nueva York: Nova Science Publisher, Inc.

Van Dam, C. (2006). Die Missbraucher von sozial qualifizierten Kindern. Nueva York: Haworth Press, Inc.

www.ingramcontent.com/pod-product-compliance
Lightning Source LLC
Chambersburg PA
CBHW070051260726